SERMON
SUR LA CÊNE,
PRÊCHÉ DEVANT LE ROY
EN M. DCC. XXXV.

Par M. l'Abbé DESJARDINS, Docteur de Sorbonne.

PANÉGYRIQUE
DE SAINT AUGUSTIN,

Prononcé par le Même en 1735. dans l'Eglise des Grands Augustins.

A PARIS,

Chez { JEAN-BAPTISTE BAUCHE, Libraire, à la descente du Pont Neuf, à Saint Jean dans le Désert.
PIERRE SIMON, Imprimeur de Monseigneur l'Archevêque, ruë de la Harpe, à l'Hercule.

M. DCC. XXXVI.
AVEC PRIVILEGE DU ROY.

SERMON
SUR LA CÊNE,
PRÊCHÉ DEVANT LE ROY
En mil sept cent trente-cinq.

Exemplum dedi vobis, ut quemadmodum ego feci, sic & vos faciatis.
Joann. 13.

Je vous ai donné l'exemple, pour vous engager à le suivre. *En saint Jean*, Chapitre 13.

IRE,

RIEN de plus obscur, & de moins utile en apparence: mais au fond rien de plus brillant, rien de plus avantageux que la sainte Cérémonie qui nous assemble aujourd'hui. C'est un Maître, comme il s'annonce lui-même;

après s'être revêtu de la forme de Serviteur, il en fait les plus basses fonctions; il s'abaisse aux pieds de ses Disciples, il les lave, il les essuye : voilà l'obscurité ; mais que d'éclat, que d'avantages sous les sombres voiles de cette action humiliante! C'est un Législateur qui fait des Loix pour l'utilité publique ; il les pratique le premier, pour nous ôter le prétexte d'en chercher la dispense; c'est le Dispensateur des graces, qui apprend aux hommes ce qu'ils doivent faire pour les mériter ; c'est le Roi des Rois qui confond l'orgueil des Princes des Nations, & nous fait sentir par son abaissement volontaire, que la véritable grandeur consiste dans les humiliations qu'on recherche; c'est JESUS-CHRIST qui trouve autant d'imitateurs de son action, quelqu'obscure qu'elle paroisse, qu'il y a de Têtes couronnées dans la vaste étenduë du monde Chrétien ; c'est l'humilité qui se forme, & naît, pour ainsi dire, de l'anéantissement de l'Homme-Dieu ; & cette vertu est la source féconde de la gloire la plus brillante, des graces les plus précieuses, de la paix la plus profonde que l'homme puisse désirer. N'est-ce pas elle qui tire le pauvre du sein de la poussiere, qui le fait monter sur un trône de gloire ? N'est-ce pas elle qui donne du lustre à la grandeur des Puissans du siécle, de l'éclat même aux plus brillantes Couronnes des Monarques ? N'est ce pas elle qui par une heureuse alternative abaisse Dieu jusqu'à l'homme, éleve l'homme jusqu'à Dieu ? Que de victoires ne nous fait-elle pas remporter sur les ennemis de notre salut ! elle obéit sur la terre, mais elle triomphe dans le Ciel. Humilité puissante, vous désarmez la justice de notre Dieu, vous réveillez ses anciennes miséricordes. Quelle tranquilité ne procure-t-elle pas à un cœur fidele ? Elle conserve la belle harmonie de l'Univers par la juste subordination qu'elle y fait régner ; les autres vertus Chrétiennes se forment sous ses impressions, se perfectionnent dans son sein, se soutiennent sur ses fondemens : les portes des Cieux s'ouvrent à sa voix ; elle les peuple de nouveaux Citoyens, tandis que l'orgueil creuse l'enfer, & le remplit de malheureux.

Telle est, Chrétiens Auditeurs, la vertu que JESUS-CHRIST a dessein de nous faire connoître aujourd'hui ; il veut que nous la pratiquions pour avoir lieu de récompenser dans nous avec une magnificence digne de lui, ce que son Pere a déja récompensé dans son humanité avec éclat. Au reste personne n'est dispensé de l'humilité, parce qu'il est dit à tous, aux grands, & aux petits: Je vous ai donné l'exemple, afin que mon abaissement soit la régle du vôtre. *Exemplum dedi vobis , &c.*

SIRE, vous le suivez cet exemple; vous vous humiliez devant le Très-Haut: les faveurs dont il vous comble, les graces dont il vous prévient; les victoires que vous remportez; votre douceur, votre modération, mille vertus chrétiennes qui croissent, & qui se fortifient dans votre cœur; la paix intérieure dont vous joüissez, celle que vous souhaitez pour le bonheur de vos Sujets, dans un tems où la guerre vous couronne de lauriers, ne sont-ce pas là de fideles garants de votre humilité? Puisse votre florissante Cour vous imiter, comme vous imitez vous-même JESUS-CHRIST: C'est pour l'y engager que j'avance deux propositions qui vont faire le partage de ce Discours. Les voici:

Rien de plus glorieux pour les Grands du siécle que l'exemple d'humilité qu'ils donnent au Peuple; c'est ma premiere partie.

Rien de plus utile pour eux que la pratique de l'humilité la plus profonde; c'est ma seconde partie.

Implorons les lumieres du S. Esprit. *Ave Maria.*

S IRE,

IL est glorieux à un grand Roy, & aux Princes de sa Cour de donner au Peuple l'exemple de l'humilité que JESUS-CHRIST donne aujourd'hui à ses Disciples, & d'avoir dans leur cœur les humbles sentimens du Dieu dont ils portent l'auguste image sur leur front. Et cela pour trois raisons; parce qu'il est difficile de s'humilier dans la grandeur; parce qu'en s'humiliant, on se rend conforme aux Héros du Christianisme; parce que par-là on devient soi-même un modele propre à édifier les Peuples.

PREMIERE PARTIE.

Plus une vertu trouve d'obstacles à vaincre, plus la gloire qu'elle procure est brillante. Etre humble lorsque tout contribuë à nous humilier, c'est mériter un éloge, parce qu'on pratique une vertu chrétienne ; mais que des Grands s'humilient, lorsque leur naissance, leurs richesses, leurs dignitez, lorsque tout conspireroit à nourrir l'orgueil, à flatter l'ambition, à relever la fierté; mais que des Rois descendent de leurs Trônes, qu'aux yeux d'une Cour souvent trop superbe de l'éclat qu'elle emprunte de leur Majesté, ils donnent aujourd'hui, dans l'appareil de la plus profonde humiliation, le frappant spectacle que Jesus-Christ donna autrefois à ses Disciples justement étonnez, voilà ce qui me jette dans une respectueuse admiration ; voilà ce qui comble les Grands d'une gloire d'autant plus pure, d'autant plus solide, qu'ils la partagent avec mon divin Maître.

Il semble, Chrétiens Auditeurs, que l'orgueil, funeste héritage de notre premier pere, se plaise à infecter les plus nobles rejettons de cette tige corrompuë : une naissance illustre reveille ce vice qui s'endort, pour ainsi dire, à l'ombre d'une naissance obscure ; il prend des forces dans les idées relevées qu'on se forme d'une distinction qui seroit réelle & glorieuse, si son souffle empesté ne l'obscurcissoit, ne l'anéantissoit. Qu'il est difficile de ne pas concevoir de hauts sentimens de soi-même, lorsque l'on compte presqu'autant de Héros que d'Ancêtres ! Qu'on est tenté de s'approprier leur vertu, de s'attribuer leur gloire, & de se faire d'un trésor d'actions éclatantes qu'on emprunte, un fond propre de fierté ! Ajoutons à la naissance les immenses richesses que possedent ordinairement les Grands du siécle, les titres glorieux dont ils sont décorez, les Dignitez éminentes dont leur Prince les honore, les noms fastueux que le Peuple leur donne, les éloges outrez que leur distribuë une foule d'adulateurs toujours prêts à les encenser, toujours attentifs à faire valoir leur mérite, toujours ingénieux à changer leurs défauts en vertu. Que dirai-je de cette flateuse autorité que les Grands tiennent des Rois, & que les Rois ne tiennent que de Dieu ? Voyez ces têtes abaissées, ces Peuples tremblans, la terre qui se tait devant eux. Quels respects ! Quels hommages ! On les prendroit pour des adorations véritables, tant ils ressemblent au culte suprême qu'on ne doit rendre qu'au Très-Haut.

Tels sont les obstacles, & mille autres encore, qui forment de fortes barrieres, & mettent, comme un cahos immense entre les Grands & l'humilité ; mais aussi qu'il est glorieux d'avoir assez de courage pour les franchir ; assez d'équité pour ne pas usurper la gloire des autres ; assez de justice pour régler les hommages qu'on doit à son Dieu sur ceux que les Peuples vous rendent avec tant d'empressement ; assez de lumiere pour découvrir le néant de l'homme au travers de la pompe, & du faste qui le couvrent ; assez de discernement pour démêler la vérité de la loüange qu'on reçoit d'avec l'interêt de celui qui la donne; assez de religion pour vous souvenir que vous êtes hommes, lorsque tout semble vous insinuer que vous êtes des Dieux !

Que la modestie sied bien dans le sein d'une brillante Grandeur ! Qu'il est beau de faire goûter aux hommes les charmes d'une affabilité aimable, plutôt que de les accabler sous le poids d'un regard fier & dédaigneux ! Qu'il est beau d'être doux, humain pour des Peuples qui vous respectent, de vous abaisser quelquefois jusqu'à eux, comme votre Dieu s'abaisse si souvent jusqu'à vous ! Non, rien ne releve tant un Prince dans le Christianisme, que l'humble Sacrifice qu'il fait à son Dieu de sa naissance, de ses richesses, & de ses Dignitez.

Croiroit-on qu'il y eût plus de gloire à imiter les superbes Pharisiens, qui sans mérite personnel alloient chercher dans le mérite d'Abraham leur pere de quoi nourrir leur orgüeil ? Croiroit-on qu'il y eût plus de gloire à donner dans les pensées de l'ambitieux Nabuchodonosor qui conçut le vaste projet de subjuguer l'Univers, & dont les forces rassemblées allerent se briser contre l'humilité de Judith ? Croiroit-on enfin qu'il y eût plus d'honneur à étaler ses trésors devant des Etrangers, comme Ezechias dont l'imprudente vanité devoit coûter si cher aux Princes ses Enfans ?

Heureux celui qui regarde les vertus de ses peres comme des vertus étrangeres ! s'il s'applique à se les rendre propres par la pratique. Heureux celui qui ne découvre avec le Sage que vanité, dans ce que le monde renferme de plus éblouïssant ! L'humble Chrétien sçait que la véritable grandeur ne vient, ni de la chair, ni du sang, *non ex sanguinibus*, mais de sa divine adoption, *sed ex Deo nati sunt*. Loin de rappeller les actions éclatantes de ses peres, lesquelles rempliroient son esprit de la fumée d'une gloire passée, il ne jette les yeux que sur leurs tristes cendres qui l'avertissent sans cesse de son néant.

Il reconnoît dans les grands biens dont il joüit, les riches présens dont le Ciel l'a comblé, & il apprend de l'Apôtre à ne pas se glorifier de ce qu'il a reçû ; il sent que son régne n'est pas de ce monde, & par ce sentiment il mérite de régner : il sçait que la terre, où il exerce son empire, est une terre étrangere, aussi-bien pour lui, que pour ses sujets ; que si le Seigneur retiroit pour un moment la main puissante qui le soutient, on le chercheroit, mais on ne le trouveroit plus. Revêtu des dignitez les plus éminentes, il est plus attentif à étudier les obligations qu'elles lui imposent, qu'à contempler l'éclat dont elles l'environnent. Les fautes qui échappent à la fragilité humaine, & qu'il ne peut éviter sans le secours du Ciel ; L'exemple qu'il doit, & qu'il peut oublier de donner, sont les contrepoids humilians de sa sublime élévation ; & toutes ces vûës, toutes ces pensées, tous ces sentimens sont comme autant de fleurs qui décorent la couronne qu'il porte : Que dis-je ? ils sont la seule voye qui lui soit ouverte pour arriver à une gloire plus éclatante. Grand devant les hommes, que lui reste t-il, qu'à devenir grand devant Dieu ? Mais ces idées d'abaissement n'avilissent-elles point, ne dégradent-elles pas le Grand dont je parle dans l'esprit d'un monde malin? Non, Chrétiens Auditeurs, une humilité bien entenduë ne sert qu'à relever la gloire du Prince.

Comme Grand il commande, tout tremble sous sa puissance ; comme Chrétien il obéit, il tremble lui-même sous la puissance du Très-Haut. Comme Grand il s'arme d'une juste colere, il prend le glaive en main, il punit les infracteurs de la Loi ; comme Chrétien il en ouvre le Livre, il l'étudie, il en pratique tous les points. Comme Grand dans son lit de Justice il juge son peuple, il condamne les coupables, il met un frein à la licence ; comme Chrétien, au pied du Tribunal de sa conscience il se confond à la vûë des fautes qu'elle lui développe, il souscrit aux arrêts de mortification qu'elle lui prononce. Comme Grand il se pare de tous les ornemens de sa gloire,

le

le diadême brille sur son front, le Sceptre paroît en ses mains; comme Chrétien il les dépose, il en fait un humble hommage au Tout-Puissant. Comme Grand il déploye toute la force de son bras contre les ennemis de l'Etat; comme Chrétien il fait à son Dieu un aveu sincere de ses foiblesses. Assemblage divin, composé merveilleux, d'où se forment les grands Princes; c'est par là qu'ils font paroître un prodige rare sur la terre; l'éclat de la Pourpre, avec l'obscurité de la cendre; l'extérieur pompeux de l'indépendance, avec l'intérieur humiliant de la soumission; l'élevation du Trône, avec les humiliations de la Croix; la plénitude de la puissance avec la plénitude de l'humilité. C'est ainsi que le Fils de Dieu, comme Homme, s'absorbe sur le Bois sacré, dans le sein des abaissemens; mais comme Dieu, il y triomphe, il attire tout à lui, il soumet tout à son Empire, & des Rois les plus indépendans, il en fait ses plus humbles Adorateurs.

Ah! si c'étoit se dégrader que de s'humilier, le plus illustre des Apôtres, le plus grand des hommes au jugement d'un Dieu; les saints Paul, les Jean-Baptiste, se seroient donc dégradez, lorsque dans leurs fautes passées, dans leurs infirmitez présentes, dans tout ce que leur être avoit de plus foible, ils cherchoient de quoi contrebalancer la force de leur génie, la grandeur de leur ministere, la sublimité de leurs révélations. Plus cet heureux artifice de l'humilité diminuoit de leur gloire à leurs yeux, plus cette gloire croissoit devant Dieu, & devant les hommes: Les nuages mêmes, qu'ils prenoient soin de répandre sur leurs actions pour les obscurcir, se changeoient en éclat pour les relever. Et n'est-ce pas l'humble que le Seigneur couronnera de sa gloire la plus brillante? il l'a déja fait en faveur des David, des Theodose, & des Loüis, (non pas parce qu'ils étoient grands selon le monde; s'ils n'avoient été que puissans, il les auroit rejettez loin de son Trône, comme tant d'autres, *Deposuit potentes de sede*: mais parce qu'ils sçurent s'humilier, mais parce qu'ils sçurent abaisser leurs têtes couronnées de lauriers devant le Dieu des Armées, ils arriverent à la gloire la plus désirable, *exaltavit humiles*. Et par quelle

B

voye Marie deviendra-t-elle la Mere d'un Dieu, la Reine de l'Univers? si ce n'est par la voye de l'humilité, *Respexit humilitatem Ancillæ suæ.* JESUS-CHRIST lui-même, tout Dieu qu'il est, ne montera au comble de la grandeur, qu'après avoir bû à long trait dans le torrent des humiliations : *De torrente in via bibet proptereà exaltabit caput.*

Quels modeles à suivre, & quelle gloire à recueillir en les suivant! elle seroit parfaite, s'il ne restoit encore un moyen de la rendre plus éclatante ; c'est de devenir modele soi-même ; & voilà l'avantage qu'ont les Grands sur ceux qui menent une vie obscure. Lorsque le Fils de Dieu voulut reformer le monde, créer un Peuple nouveau, pour donner au Très-Haut des Adorateurs dignes de lui, se procurer à lui-même une gloire extérieure, dont il ne joüissoit pas dans le sein de son Pere ; il ne crut point se trop humilier, pour guérir l'orgüeil de l'homme, qui déroboit à la Divinité l'hommage qui lui est dû : il rassembla tous les traits les plus vifs de l'humilité, pour la rendre plus frapante dans sa divine Personne ; son exemple humilia l'Univers ; Dieu reçu un accroissement de gloire de son humiliation ; & cette gloire réjaillit sur la chair humiliée de son Fils, qui la lui procuroit : il fut établi Prince sur toutes les Nations; il venoit de les soumettre à son Pere par son anéantissement.

Grands, Princes, Souverains, comme vous répresentez JESUS-CHRIST sur la terre, vous devez y faire ses fonctions ; c'est à vous à remplacer ce grand modele d'humilité qui a disparu à nos yeux ; c'est à vous à soutenir, à défendre les droits de cette vertu, que l'orgueil, que l'ambition, que la pompe, & le faste attaquent de toute part ; c'est à vous à captiver votre esprit sous le joug d'une foi qui humilie, pour animer vos Sujets à le porter : Oüi, Grands du siécle, vous devez donner l'exemple. Ce n'est pas moi qui le dit, c'est votre Dieu qui vous l'ordonne, *Exemplum dedi vobis ut quemadmodum, &c.* Eh! quelle suite votre exemple n'aura-t-il pas ? Car enfin l'on respecte à la Ville ce qu'on respecte à la Cour ; le Peuple a honte de se livrer au vice, lorsque ses Maîtres font triompher la vertu. Un Prince humblement prosterné aux pieds des Autels, ne permet pas qu'on apporte la pompe du siécle dans la Maison du Seigneur. Ici je vois l'ambition disparoître, le faste s'éclipser, la vanité s'évanoüir; ici se renouvelle le miracle des abaissemens de l'Homme-Dieu; vous applanissez les montagnes, vous détruisez l'orgüeil: & l'exemple que vous donnez, comme Chrétien, vous en recueillez la gloire, comme Monarque: vous trouvez autant de Panégyristes de vos actions, que nous comptons de Sujets dans vos Etats. Voyez, disent-ils, comme notre Maître se dépoüille de tout l'appareil de sa grandeur; comme il donne moins de tems au glorieux récit qu'on lui fait du succès de ses armes pour s'en réjoüir, qu'aux ferventes prieres, qu'il répand devant le Seigneur pour l'en remercier. Mais quand les hommes refuseroient ce tribut de loüange que méritent les Grands qui s'humilient, le Seigneur ne sçaura-t-il pas les dédommager? Et en faveur de qui se verifieroient ces magnifiques promesses si marquées dans les saintes Ecritures, que la gloire est le partage des humbles, que les dégrez de leur élévation seront proportionnez aux dégrez de leur abaissement: *Humilem spiritu suscipiet gloria*, si elles ne s'accomplissoient en faveur de ceux qui ont tant de démarches à faire, tant de grandeurs à oublier, tant d'éloges à méprifer, tant de hauteurs à applanir pour arriver à la perfection de l'humilité Chrétienne?

Ici n'avons-nous pas lieu de faire pour eux au Seigneur la priere que JESUS-CHRIST fit pour lui-même, après avoir fait connoître par son abaissement la grandeur de son Pere: Mon Pere, glorifiez-moi, comme je vous ai glorifié: *Clarifica me Pater*. Pere de lumiere, laissez tomber en abondance les rayons de votre gloire sur des Princes qui s'appliquent à la relever par leur humiliation volontaire: ils sont les premiers à établir l'obéïssance que vous exigez, par celle qu'ils vous rendent. Quelle idée ne donnent-ils pas de votre grandeur par l'aveu qu'ils font d'être, comme un néant, devant vous? Votre Fils s'anéantit, & vous lui donnâtes un Nom qui est au-dessus de tous les Noms; tout fléchit le genoüil devant lui. Des Rois s'humilient, vous les mettrez au-dessus des autres Rois; vous les regarderez comme les fils aînez de votre Epouse; ils remportent de glorieuses victoires; leur auguste race se multiplie; ils sont aimez d'un Peuple

B ij

soumis ; les Etrangers les admirent, les réverent, & les craignent. De quel éclat ne les environnez-vous pas, pour les récompenser par avance des humbles sentimens de leur cœur ? *Ponam illum excelsum præ Regibus terræ.* Mon Dieu, que ce motif de s'humilier est puissant pour des hommes qui soupirent après la gloire ! En voici un second : c'est l'utilité que l'humilité procure, vous l'allez voir dans ma seconde Partie.

SECONDE PARTIE. Tout ce que le Seigneur a de plus précieux & de plus désirable à donner aux hommes, l'humilité nous le procure ; elle nous attire la grace, *humilibus dat gratiam* : elle fait goûter à nos ames les douceurs de la paix : *Discite à me quia mitis sum, & humilis corde, & invenietis requiem animabus vestris* : La grâce, & la paix : quels effets ! Appliquons-nous à les développer, pour vous inspirer l'amour de la vertu qui les produit.

L'humilité nous attire la grace, grace de réconciliation, grace de triomphe ; c'est-à dire, qu'elle reconcilie le pécheur avec son Dieu, & qu'elle fait triompher le Juste des tentations de cette vie. Pécheurs que nous sommes, nos prévarications ont armé le bras du Seigneur ; de leurs noires vapeurs se forme une tempête de maux qui va fondre sur nos têtes criminelles ; qui est-ce qui pourra la détourner ? qui est-ce qui ira arracher des mains du Tout-puissant les traits vengeurs, qu'il est prêt à lancer sur les prévaricateurs de sa Loi ? l'humilité. Achab, l'impie Achab aux approches des malheurs dont son Dieu le menace, s'arme de cette vertu ; & comme un bouclier impénétrable, elle le met à couvert des traits de sa vengeance. Ezechias s'enorgueillit, le Seigneur lui fait annoncer une mort prochaine ; il s'humilie, la mort est retardée : *Humiliatus est, idcircò non venit ira Domini.* Et voilà ce qui arriveroit en faveur des Chrétiens de notre siécle, s'ils s'humilioient sous la main puissante du Très-Haut : Les disgraces dont il les afflige pour les punir d'une ambition qui leur fait tout oser, tout entreprendre, il en arrêteroit le cours douloureux : les humiliations qu'il leur prépare pour opposer une barriere à leur orgueil, il les retiendroit dans le trésor de sa colere : La mort qui par son ordre va bien tôt fraper leurs têtes orgüeilleuses, il lui commanderoit de n'approcher pas encore de ces Mortels humiliez, de respecter quelque tems la profondeur de leur humilité ; *Humiliatus est, idcircò non venit ira Domini.* Cette vertu auroit-elle moins de force dans la Loi de grace, qu'elle en avoit dans la Loi écrite ? N'est-elle pas devenuë plus puissante depuis que Jesus-Christ l'a sanctifiée dans sa Personne ? Seigneur, votre gloire ne vous interesse-t-elle pas aujourd'hui comme hier, à conserver le plus grand Panégyriste de votre gloire : car la loüange la plus sublime que vous puissiez recevoir de votre foible créature ; c'est l'aveu sincere qu'elle vous fait de ne pouvoir rien, de n'être rien sans votre secours, sans votre grace : pour l'orgueilleux qui met sa confiance dans lui-même, il est juste que vous lui fassiez sentir par des coups redoublez, que vous êtes son Dieu.

Mais ce n'est point assez pour une parfaite réconciliation, que le Seigneur retienne le bras de sa justice, il faut encore qu'il nous tende la main de sa miséricorde : or c'est à l'humble qu'il l'a tendra. Il tire Manassès du fond de sa prison, parce qu'orgueilleux sur le Trône, ce Prince s'humilie dans les fers. Il redonne à l'Enfant prodigue les plus beaux ornemens de la grace, dont son libertinage l'avoit dépoüillé, parce que le jeune fils de ce pere tendre avouë, à la face du Ciel & de la terre, qu'il est coupable ; il releve le monde entier misérablement abbatu sous le poids immense de tout péché : & ce n'est pas par la force de son bras qu'il opere ce prodige, mais par l'humilité de son fils, *in filii humilitate jacentem mundum erexisti.* D'où vient donc qu'avec un secours si puissant, si peu de Chrétiens se relevent de leur chûte ? c'est qu'il y en a peu qui entrent dans les humbles sentimens du Prophète, qui s'écrient avec lui : Seigneur, faites éclater sur moi vos grandes miséricordes, parce que mon péché est bien grand : car par quelle autre voye prétendroit-on attirer les regards favorables du Très-Haut ? par ses bonnes œuvres, par ses autres vertus ; mais sans l'humilité les autres vertus, les bonnes œuvres ne sont d'aucun mérite devant lui. Sans elle notre justice n'est qu'une justice de Pharisien, notre foi qu'une foi de Démon, notre esperance qu'une préfomption criminelle, notre priere qu'un foible fon, qui frappe les airs, fans monter jufqu'au trône de la miféricorde. Sans elle, les aumônes ne font que des liberalités infructueufes, elles peuvent germer fur la terre, mais elles ne fçauroient fructifier pour le Ciel : nos pénitences que des mortifications impuiffantes ; elles affligent la chair, fans vivifier l'efprit : Les offrandes que des dons orgueilleux ; elles chargent nos Autels des marques éclatantes de votre vanité. Et qui de vous ignore l'hiftoire du Pharifien & du Publicain : du Pharifien réprouvé à caufe de fon orgueil, malgré fes vertus prétenduës : du Publicain réconcilié par fon humilité, malgré fes infidélités trop véritables ; c'eft-à-dire, que l'humilité a la force toute-puiffante d'anéantir le vice dans un cœur, & d'y créer la vertu.

En effet, celui qui eft véritablement humble, n'a que des fentimens de mépris pour lui-même : fentimens qui donnent le coup mortel à l'amour propre ; & ici la fource de tout péché eft tarie : de ce mépris de lui-même il paffe aifément au mépris des chofes de ce monde ; & certes quand on fe méprife foi-même, peut-on ne pas méprifer ce que le Seigneur a placé fous nos pieds ? Et voilà le détachement univerfel que Dieu demande de nous. Enfuite il fe confidere, & de quelque côté qu'il porte fes regards, il n'apperçoit que foibleffe : Je fuis foible, s'écrie-t-il, il faut donc que je m'attache à celui qui des plus foibles fait les plus forts ; & par-là l'amour divin commence à prendre racine dans fon ame. Mes lumieres, ajoute-t-il, font trop bornées, pour trouver fans guide la voye, qui conduit à la vérité ; il faut donc que je la cherche dans les Oracles d'une autorité légitime ; & ici s'allume dans fon efprit le flambeau lumineux de la Foi qui l'éclaire. Enfin l'abondance de la grace, comme ces eaux falutaires qui coulent du haut des montagnes dans le fond des vallées, & les rendent fertiles : l'abondance de la grace vient inonder un cœur préparé par les humiliations, & lui fait porter des fruits de fainteté & de juftice : *Defcendit hic juftificatus.* Ajoutons à cette grace qui réconcilie le pécheur, celle qui fait triompher le Jufte.

Parce que vous avez regardé votre famille comme la

plus méprisable dans la Tribu de Manassès; parce que vous vous êtes regardé vous-même comme le dernier dans la maison de votre pere, je ferai avec vous, disoit le Seigneur à Gedeon, je vous rendrai l'inſtrument de mes merveilles, c'eſt par vous que je terraſſerai les ennemis de mon Peuple, vous ſauverez Iſraël; les flambeaux que vous porterez dans des vaſes d'argile, feront les ſimboles de ma préſence, *ero tecum*.

Chrétiens Auditeurs, je vous tiens aujourd'hui le même langage de la part de votre Dieu; ſi vous prenez les ſentimens de Jesus-Christ humilié: auſſi forts que ce Héros de l'ancienne Loi, vous pourrez tout; vous triompherez des ennemis de votre ſalut; vous ſauverez votre ame. Que l'enfer ſe déchaîne contre vous, que toutes vos paſſions ſe révoltent, que tout l'univers vous déclare la guerre; l'enfer, vos paſſions, tout l'univers, vous les vaincrez: & qui pourra tenir contre vous, ſi le Seigneur vous prête ſon ſecours, *ero tecum*.

Jamais nos premiers Peres n'euſſent ſuccombé ſous les efforts du Tentateur, dit ſaint Proſper, ſi le Seigneur ne les eût abandonnez; or jamais il n'eût retiré ſes graces, ſi leur orgueil ne l'y eût forcé: *Non tentarentur niſi deſerti, non deſererentur niſi ſuperbirent*. Vous-même, ſi vous voulez faire un retour ſérieux ſur votre conduite, vous trouverez dans votre préſomption, la premiere démarche vers votre chûte : vous préſumâtes de vos forces, vous vous engageâtes dans l'occaſion, le Seigneur ſe retira, vous fites naufrage: *Non tentarentur niſi deſerti, non deſererentur niſi ſuperbirent*. Premier avantage de l'humilité, c'eſt la grace; le ſecond, c'eſt la paix: paix intérieure qui regarde le cœur; paix extérieure qui regarde les Etats & les Empires.

Pour abréger cette réflexion, je cite d'abord l'exemple de Saül: ce Prince infortuné ne goûta les douceurs de la paix, que lorſqu'il eût appris à s'humilier, que lorſque la force de la vérité lui eût arraché cet aveu ſincere, que David étoit plus juſte que lui, qu'il méritoit de monter ſur ſon Trône, *juſtior tu es quàm ego*. Dès-lors les armes lui tombent des mains; la tranquilité revient non-ſeulement dans tous ſes Etats, mais encore dans ſon ame trop agitée,

Heureux s'il eût persévéré dans des sentimens si humbles; mais comme ils ne furent que de peu de durée ; la paix dont il joüit ne fut pas longue ; le voilà de nouveau livré à ses premiers transports. Eh quel pensez-vous que soit le principe de ces agitations éternelles, qui fomentent dans le cœur de l'homme le trouble & le desordre d'une guerre intestine ? D'où pensez-vous que lui naissent les amertumes qui l'affligent, les jalousies qui le tourmentent, les désespoirs, qui l'accablent ? c'est l'orgueil qui les enfante ; c'est l'orgueil qui forma d'abord notre sensibilité ; qui la rendit ensuite susceptible des plus legeres impressions : car n'est-il pas vrai que lorsqu'on est fortement prévenu en faveur de son mérite, tout nous fait ombrage ; une préféance qu'on néglige de nous donner, une parole, un geste, un mouvement, un oubli, que sçais-je, un rien, tout nous allarme, tout nous souleve, tout nous consterne ; ah quel combat dans un cœur orgueilleux qui se croit méprisé ! Aman, le malheureux Aman en ressent toute la violence, le sommeil s'éloigne de ses yeux, il n'est plus à lui-même, mille pensées tumultueuses s'élevent dans son esprit ; son cœur est en proye aux desirs les plus affreux de la vengeance : la mer, dans sa fureur, est moins agitée que les puissances de son ame. Plein de colere, je laverai, dit-il, dans son sang, dans celui de tout un peuple l'affront qu'il me fait. Qu'est-il donc arrivé à ce fameux Favori de son Prince ? Mardochée, objet de ses mépris, lui a refusé un salut ; & ce refus a blessé son orgueil.

Il n'en est pas ainsi de celui qui est humble, rien ne sçauroit lui ravir le précieux trésor de la paix dont il joüit. Tranquille dans l'oubli où l'on le laisse, il voit tomber sur une autre sans se plaindre, les graces de son Prince, auxquelles sa vertu avoit droit de prétendre : il convient que la personne qu'on lui préfere a plus de mérite, plus de capacité que lui : *justior tu es quàm ego*. Inébranlable dans les disgraces, il contemple d'un œil serein les vicissitudes de ce monde : Insensible, pour ainsi dire, à tout ce qui vient de la part des hommes, il n'est touché ni de leur mépris, ni de leurs loüanges. Non, dit saint Basile, rien ne sçauroit ébranler la tranquille situation de celui qui est humble ;

ni

ni les railleries les plus piquantes, ni les injures les plus cruelles, ni les calomnies les plus atroces, ni les affronts les plus sanglans, *Humilem nulla convicia perturbabunt.* Ainsi l'humble David conserve la paix de son cœur au milieu des traits injurieux dont l'assiege l'ingrat Semei. Laissons-le s'exhaler en invectives, disoit ce saint Roy, avec cet air tranquille que l'humilité répandoit sur son auguste front ; que sçavons-nous ? Peut-être que le Seigneur sera touché de mon humiliation ; peut-être qu'il me rendra le bien pour prix des malédictions dont on m'accable *Reddet bonum pro maledictione.* Il le fera sans doute ; vous remonterez sur votre Trône ; bientôt le calomniateur tombera à vos genoux pour implorer votre miséricorde par ses prieres, après avoir aigri votre justice par ses insultes. Vous triomphez, la paix releve votre triomphe, *reversus est pacificè.* Foibles avantages dont votre humilité est récompensée ; de plus grands se présentent à mes yeux : Si vous avez eu le malheur d'être le pere d'un fils qui a ébranlé votre Trône par son ambition, vous en aurez un autre selon la chair, le vrai Salomon, Jesus-Christ, qui l'affermira pour jamais par son obéissance : son regne sera le regne de la paix, parce qu'il sera le regne de l'humilité, *omnia pacificans.* Il l'inspirera à ses Disciples ; il leur apprendra à s'humilier les uns devant les autres, en s'humiliant lui-même devant eux : parce qu'il sçait que les Etats, que les Républiques ne peuvent subsister en paix que par le secours de cette vertu. Jamais l'Eglise qu'il fonda, n'auroit eu tant de combats à soutenir, si le démon de l'orgueil ne se fût si souvent emparé de l'esprit indocile des Docteurs qui devoient la défendre.

C'est l'orgueil qui souffle le vent de la division, c'est l'ambition qui trouble, qui ébranle, qui renverse les Empires les mieux fondez : on veut dominer, on veut occuper les premieres places ; de-là les mouvemens, & les factions ; de-là les prétextes qu'on invente pour enflammer les esprits, pour les soustraire à une juste domination, & les rendre les victimes de ses projets ; car si l'humble regne en pere, l'ambitieux regne en tyran. L'humilité répand le calme où elle se trouve. La subordination se soutient bien mieux sous ses douces impressions, que sous le dur em-

C

pire de la crainte : Elle apprend aux Rois à se soumettre à leur Dieu ; aux Grands à respecter leur Souverain ; aux Peuples à obéir aux uns, & aux autres. L'on porte sans peine le joug de la puissance, lorsque ce joug est adouci par les charmes de l'affabilité. Il est rare qu'un Prince soumis à son Dieu, trouve des Sujets rebelles à ses ordres ; & si vous le permettez quelquefois, ô mon Dieu, ce n'est que pour mettre à l'épreuve ces illustres, & fideles Serviteurs de votre divine Majesté ; vous leur faites mériter par une humiliation passagere des Couronnes plus durables, que celles qu'une main étrangere s'efforce de leur enlever : comme vous les conduisez par les mêmes routes que vous conduisîtes le Prophete Roy, vous les ferez monter, comme lui, dans les Princes leurs enfans, sur des Trônes plus brillans & plus stables ; Vous les ferez regner ces précieux rejettons d'une race vertueuse dans un Royaume, où l'amour & la fidélité des Peuples pour leur Roy, ont pour jamais étouffé l'esprit de la révolte.

Mais finissons ce Discours ; ne retardons pas plus longtems la sainte Cérémonie qui nous assemble ; laissons la Cour s'instruire elle-même à la vûë de son Roy qui s'humilie ; laissons lui puiser dans le cœur de son Maître, servant les Pauvres, les sentimens de pieté, de religion, d'abaissement, qui le rendent encore plus respectable que sa Couronne.

Seigneur faites qu'un Prince si humble, si vertueux recueille lui-même en abondance, les fruits précieux de l'humilité qu'il pratique, la grace, & la paix dans ce monde ; & après de nombreuses années, la gloire dans l'autre. Ainsi soit-il.

PANÉGYRIQUE
DE SAINT AUGUSTIN.

Non soli mihi laboravi, sed omnibus exquirentibus veritatem.

Ce n'est pas pour moi seule que j'ai travaillé, mais pour tous ceux qui cherchent la vérité. Dans l'Ecclésiastique chapitre 24.

APRE's la Sagesse incarnée, qui du haut de son trône a prononcé cet Oracle par la bouche du fils de Sirach, dans la vûë anticipée des immenses travaux qu'elle devoit entreprendre un jour, pour manifester à la terre sa doctrine toute céleste : Après l'Apôtre saint Paul, dont JESUS-CHRIST s'est servi comme d'un fidele Ministre, pour étaler les richesses de sa grace, & nous développer les Mysteres inconnus aux siécles anciens, Augustin, Messieurs, est le Docteur qui a travaillé avec le plus d'application pour trouver la vérité, & la faire triompher dans l'esprit, & le cœur des hommes livrés au mensonge. Ses progrès, & ses succès n'ont-ils pas étonné l'Univers? il se remplit des sublimes connoissances, qui regardent l'admirable économie de notre salut ; il rassembla dans son vaste génie, les rayons infinis de lumiere qui viennent d'en-haut, & donna de la plénitude de sa science à tout le monde Chrétien. *Non soli mihi laboravi, &c.*

Aussi, élevé parmi ceux que le Seigneur a béni, il sera loüé dans l'Assemblée de tous les Saints, admiré au milieu d'un peuple innombrable, & comblé de bénédictions jusqu'à la consommation des siécles. Eh ! quels éloges n'a-t-il pas déja reçûs ? Les noms glorieux de Foudre de l'Hérésie, de Restaurateur de la Foi, de Colomne de l'Eglise, de Flambeau de l'Univers, de Pere des Peres, d'Homme céleste, d'Image de Dieu. Tels sont les témoignages avantageux qu'on lui a rendus, & mille autres encore qu'il seroit trop long de rapporter. Tous les grands Hommes qui ont vêcu de son tems, les Prosper ses Disciples; les Possi-de ses Historiens; les Hierôme ses Emules, & ses Admirateurs; les SS. Peres, les Docteurs qui sont venus après lui, tous ont travaillé à son Panégyrique, & aucun n'a eû la gloire de le finir; tant il faut y faire entrer de prodiges. Ils se sont efforcés, moins dans l'espoir de relever le mérite éclatant qu'ils admiroient en lui, que dans le désir de payer le juste tribut de reconnoissance, qu'ils devoient à ses Ecrits, & à ses lumieres. Se flater d'être plus heureux que tant d'illustres Panégyristes, ce seroit une présomption impardonnable; mais tâcher d'être aussi reconnoissant que ceux qui nous ont précédés, c'est un effort dont nous ne pouvons nous dispenser. Avons-nous moins d'obligation qu'eux à ce grand Homme? N'a-t-il pas travaillé pour tous les siécles? *Non soli mihi laboravi, &c.*

Désir ardent de la Sagesse; recherche continuelle de la vérité; pratique exacte de tout ce qu'elle prescrit; développement de nos Mysteres; les Ennemis de Dieu attaqués dans la corruption de leur cœur, & dans les égaremens de leur esprit, combattus & vaincus; l'homme déprimé & réduit à ne se glorifier de rien; la grace victorieuse; l'Hérésie humiliée; la vérité triomphante sous ses auspices : C'est l'éloge que je lui consacre. Hâtons-nous de le commencer. Il vaut mieux tout d'un coup fraper vos yeux de l'éclat de ses merveilles, que de perdre le tems à vous en prévenir; elles sont renfermées dans les paroles de mon Texte. Il travaille pour lui, il travaille pour les autres; il connoît la verité, il la fait connoître. Quelle simplicité en apparence dans ces deux propositions de l'Auteur sacré! mais en effet quelle profondeur! que de soins, que de veilles, que de travaux, que de sueurs, que de science, que de zele, que de combats, que de victoires ne nous rappellent-elles pas? d'abord dans JESUS-CHRIST qui les a pleinement vérifiées, ensuite dans Augustin qui a marché de si près sur les traces de son Divin Maître. *Non soli mihi laboravi, &c.* Il n'est rien qu'il ne fasse pour connoître la vérité; Il n'est rien qu'il n'entreprenne pour la défendre, & par-là quel exemple ne nous donne-t-il pas de ce que nous avons à faire?

Auguſtin, modele de tous les Chrétiens, de tous les hommes dans les routes qu'ils doivent tenir pour trouver la vérité; c'eſt ma premiere partie.

Auguſtin, modele de tous les Docteurs, de tous les Sçavans dans les moyens qu'ils doivent employer pour faire triompher la vérité; c'eſt ma ſeconde partie.

Voilà, Meſſieurs, tout mon Texte, tout mon deſſein, & tout le ſujet de vos attentions. Implorons les lumieres du Saint Eſprit. *Ave Maria.*

POUR connoître à fond la vérité, il faut la déſirer, la chercher, & la goûter. La déſirer avec ardeur, c'eſt la paſſion d'un cœur bien né; la chercher ſans relâche, c'eſt l'application d'un eſprit ſolide; la pratiquer dans tout ce qu'elle renferme de moral, c'eſt donner des preuves d'une ame vraiment chrétienne. Auguſtin en fit l'objet le plus cher de ſon amour, la matiere la plus précieuſe de ſes recherches; & après en avoir éclairé ſon eſprit comme d'un flambeau lumineux, il la fait goûter à ſon cœur comme la nourriture la plus exquiſe qu'il puiſſe lui donner. Auſſi aura-t-il la gloire d'entrer dans le Sanctuaire de la ſageſſe; il s'y pare de ſes plus beaux ornemens; il parvient à ſes ſublimes connoiſſances qui le font regarder comme le prodige de ſon ſiécle, & l'Oracle de tous les tems.

PREMIERE PARTIE.

Au reſte, quand je parle ici de la vérité, qu'Auguſtin connût, j'entens celle qui prend ſa ſource dans le ſein du Pere Eternel, que le Verbe nous a manifeſté dans la plénitude des tems, & que le S. Eprit enſeignera aux hommes juſqu'à la conſommation des ſiécles; de cette vérité qui condamne nos foibleſſes, qui nous détrompe de nos erreurs, qui nous inſtruit de nos devoirs: elle montre l'homme à l'homme, le Créateur à la créature; tous ſe glorifient de l'avoir, tant elle fait d'honneur à ceux qui l'ont en partage; c'eſt pour elle qu'Auguſtin forma des ſoupirs: ſoupirs dominans, ils font taire ſes autres deſirs, ils abſorbent ſes paſſions, & le font triompher de ſes erreurs.

Plein de tous les talens qui forment les grands hommes, hommes néceſſaires à la ſocieté civile, il forma d'abord des projets de fortune, & d'élevation; ſon cœur fut en proye aux defirs qui naiffent de l'efprit du monde. Quelle efpérance ne conçût-il pas ? Et quelle efpérance n'avoit-il pas lieu de concevoir, avec un efprit vafte & fupérieur, avec un cœur noble & généreux, avec un ame ferme & intrépide ? Il auroit pû parvenir à un Gouvernement, comme il s'en flatoit, dans le tems de fes idées ambitieufes. Celui qui devoit éclairer l'Univers n'auroit-il pas été capable de gouverner une Province ? ceux qui auroient eû le bonheur d'être fous fes ordres, ne fe feroient-ils pas félicité d'avoir pour Gouverneur, celui que tous les Fideles fe glorifient aujourd'hui de reconnoître pour modele ? Que dirai-je de fes paffions ? l'orgueil s'empare de fon efprit, l'amour propre de fon cœur, la volupté de tous fes fens ; la confeffion auffi glorieufe, que publique qu'il en a faite lui-même, pour exalter la grace de JESUS-CHRIST, autorife en quelque maniere la liberté que je prens de vous en rappeller le trifte fouvenir. Que fes paffions furent vives ! qu'elles furent grandes ! Je n'en fuis pas furpris ; tout eft grand dans les grands hommes, jufques à leurs foibleffes, lorfqu'ils ont le malheur d'en avoir : il femble, Meffieurs, que les grandes vertus ne trouvent à fe placer, que dans les cœurs fufceptibles des plus grands défauts : mais fi fon amour pour le fiécle fut extrême, fon amour pour la fageffe fut encore plus grand ; il triomphe dans ce rude combat, qui fe donne dans fon cœur, & dont il nous a laiffé une image fi vive, & fi touchante.

Il eft entraîné par deux defirs differens, à-peu-près comme l'Apôtre ; il veut être à Dieu ; il veut être au monde : les douceurs que procure la contemplation de la vérité, le calme qu'elle donne, la gloire dont elle comble ceux qui l'aiment, fon éclat, fa lumiere, tout le frappe ; il vole après elle : mais le monde avec tout ce qu'il a d'éblouïffant, avec fes joyes, fes richeffes, plein d'efpérance fe préfente à lui, s'oppofe à fes démarches, l'arrête dans fa courfe. Auguftin réfléchit fur les avantages qu'il étale, il en découvre la fragilité & le néant.

Ici l'amour de la fageffe reprend le deffus : le monde lui livre de nouveaux affauts, il lui fait entendre qu'on ne fçauroit vivre fans lui, fa volonté fe partage, guerre inteftine, guerre cruelle fans être fanglante ; defirs contre desirs, projets contre projets, espérance contre espérance, poids contre poids, penchant contre penchant, amour contre amour: amour sacré, amour profane; penchant pour le vice, penchant pour la vertu; poids qui l'entraîne dans l'abîme des passions, poids qui l'éleve au dessus des astres; espérance qui s'étend à un bonheur éternel, espérance qui se borne à une félicité temporelle; projets d'ambition, projets d'humilité. Desirs de la gloire, desirs des plaisirs, qui couvrent de honte; ils forment comme deux puissantes armées; ils se combattent, ils se détruisent les uns les autres; sans cesse renaissans, ils renouvellent le combat. Son cœur en est la victime, il gémit, il soupire, il est consterné. Dans le trouble où il est, dans l'agitation où il se trouve, il veut faire une trêve; il veut allier les soins que le monde exige, avec les attentions que la sagesse demande: mais comment Augustin qui ne tombe jamais en contradiction, comment pourra-t-il tolérer celle-ci? Il la voit, il la sent: non, dit-il, il faut se déterminer; quel moyen d'allier la lumiere avec les ténébres? Quelle societé entre Dieu, & Belial? L'on ne peut servir deux maîtres; il faut prendre son parti: il prend le meilleur. Desir de la sagesse vous êtes victorieux: tout ce que son imagination lui représente de bien, d'honneur, de félicité temporelle, il vous en fait un généreux sacrifice. Plus fidele que Saül, il consent, que dis-je? il ordonne que vous donniez le coup mortel à un autre Agag, je veux dire à la passion qui domine dans son cœur.

Ici, Chrétiens Auditeurs, apprenons d'Augustin à soupirer après la vérité; faisons succeder les saints & les glorieux desirs d'une ame Chrétienne, aux desirs séculiers & criminels d'un ame mondaine: Donnons, sur le vice qui deshonore ses partisans, la préférence à la vertu qui illustre ses sectateurs. Mais prenons garde de donner dans une autre écueïl, de tomber dans l'erreur à force de desirer la vérité: Augustin lui-même y tomba, il prit une fausse lueur, pour la lumiere véritable; mais si son desir lui fut un piége, il lui sera une ressource pour en sortir avec éclat.

Il aimoit si fort la vérité, qu'il crut la voir, & l'entendre, où elle ne parloit point, où elle n'étoit pas. Il y avoit une Secte toute composée de Saints, si on vouloit en croire ceux qui la protegeoient ; ils usurpoient les titres les plus glorieux ; ils se nommoient le troupeau des élus ; ils se vantoient d'avoir Dieu pour Pere, JESUS-CHRIST pour Avocat, l'Esprit-Saint pour Consolateur ; point d'austérité dont ils ne se parassent ; point de sciences, selon eux, dont ils ne fussent pleins. Telle est l'erreur : elle se glorifie de ses vertus prétenduës, tandis qu'elle a tant d'infirmitez véritables qui devroient l'humilier. Ennemis de toute autorité, *dit S. Augustin*, ils se flattoient de tirer de leur propre fond dequoi rendre la vérité sensible & palpable ; loin de leur cœur, son nom imposant étoit toujours sur leurs lèvres. Quels attraits pour un homme qui la desire passionément.

<small>Dicebant : Veritas, & veritas ; & nusquam erat in eis. *Lib.* 3. *Conf. c.* 6.</small>

Il s'engage dans l'erreur des Manichéens ; il fait plus, il y engage ses amis ; il va plus loin, il fait des Prosélytes de toute part : Son génie donne de l'éclat à une Secte obscure, il la releve, il la soutient ; il est sur le point de la faire triompher ; & il l'eût fait sans doute, si les portes de l'Enfer pouvoient prévaloir contre l'Epouse de JESUS-CHRIST : Dieu vient au secours de cette Colombe poursuivie ; & destinant Augustin pour confondre toutes les héresies, il fait naître dans son esprit, des doutes continuels sur celle qu'il professe. Il cherche à s'éclaircir ; il propose ses difficultez, mais personne ne les résout : on lui fait seulement entendre que Fauste viendra, & qu'il sera éclairé : Fauste qui devoit plus aux éloges outrez de ses disciples, qui le préconisoient, qu'à la science médiocre qu'il avoit acquise. Augustin l'attend ; le désir de trouver la vérité dans ses réponses, l'arrête dans les routes de l'erreur. Les sept années que Jacob donna pour obtenir Rachel, que Laban promettoit à son amour, n'égalent point le tems qu'Augustin employe pour trouver cette divine lumiere, dont les Manichéens flatoient son ardeur : mais il est trompé ; au lieu des beautez de la sagesse qu'il desire, il ne trouve que la laideur du mensonge qu'il abhorre.

Il arrive enfin ce Patriarche de l'erreur, avec un air composé, doux, insinuant, persuasif, propre à tendre
des

des piéges aux ames simples. Augustin l'écoute, l'interroge; mais ses réponses ne satisfont pas son esprit : il veut du solide, & il ne trouve qu'un faux brillant. Augustin cherche Dieu tel qu'il est, & Fauste ne lui présente qu'un Dieu défiguré : il donne un corps à une pure intelligence, un émule à celui qui n'en connoît point; il établit deux principes opposez; il accorde à l'un un empire absolu sur le bien, & l'autre reçoit de ses idées, un pouvoir souverain sur le mal. Quelque prévenu que fût Augustin en faveur de Fauste, & de son éloquence si vantée, plus ami de la vérité, il se détache de ce maître du mensonge. Bel exemple qui nous fait sentir qu'il faut toujours s'attacher au vrai, & rarement aux personnes qui dogmatisent. Ah, qu'un mérite qu'on affecte de préconiser, m'est suspect! Doit-il jamais prévaloir contre la vérité? & ne sçait-on pas qu'on l'accable souvent sous l'amas pompeux de termes choisis, & de riches expressions? Heureux celui qui est en garde contre les paroles éblouissantes qu'on emprunte d'une éloquence mondaine, pour suppléer au défaut d'une cause mauvaise.

Augustin ne se borne pas aux désirs stériles de la vérité : il la cherche; & où ne la cherche-t-il pas? Il la cherche dans tous les écrits de la profane Antiquité, & il en apperçoit quelque foible lueur; il la cherche dans les saints Personnages de son siécle, & il commence à l'entrevoir; il la cherche dans les saintes Ecritures, & il la voit dans tout son jour. Philosophes, Historiens, Poëtes, Orateurs, rien n'échappe à la lecture continuelle qu'il fait. Il lit Epicure; son cœur voudroit bien lui donner la palme, ce sont ses paroles; mais son esprit ne trouve pas dans les faux plaisirs qu'il offre, la vérité qu'il cherche. Parmi les doutes innombrables, dont les Académiciens remplissent l'Univers, il démêle ceux qui naissent du sein de la raison, d'avec ceux que la folie enfante. Orateur Romain, vous lui présentâtes dans votre Hortense, un noble désintéressement, & il le saisit. La brillante imagination des Poëtes orne la sienne des riches peintures qu'ils nous ont laissées; il prend les plus beaux ornemens dont ils ont revêtu les Dieux de la Fable, pour les rendre un jour au Dieu de la vérité. Les sublimes idées de Platon sur l'Etre incréé attirent ses re-

Epicurum accepturum fuisse palmam in animo meo, nisi ego credidissem post mortem restare animæ vitam. Lib. 6. Conf. c. 16.

D

gards, le charment fans le ravir tout entier : *Non me totum rapiebat.*

Semblables à ces fuperbes édifices que la magnificence d'un grand Roy a pris foin d'élever & d'orner, lorfque par un trifte accident ils viennent à s'écrouler, l'on entrevoit au travers des vaftes rüines, qui ont tout confondu, les précieux reftes de l'or, de l'azur, des peintures exquifes, des colomnes hardies qui les décoroient : C'eft ainfi qu'Auguftin apperçoit dans les Sçavans des tems anciens, les nobles veftiges des traits admirables que le premier des hommes tenoit des mains libérales du Dieu, qui le forma à fa reffemblance ; ces rayons de lumiere qui échaperent aux épaiffes ténébres que le péché répandit dans fon ame ; ces vertus, qui comme des colomnes brifées, fous la chute univerfelle de la nature humaine, n'ont confervé que de foibles traces de leur premiere grandeur. La vérité, la raifon fe préfentent à fes yeux comme retreffies, & bornées à certains objets : dans le trifte délabrement, fous les ruines accablantes de l'homme entier, il ramaffe les précieux débris de fon ancienne perfection ; il recueïlle ces étincelles qui reluifent dans la cendre, refte mourant d'une flamme éteinte ; il faifit ces éclairs qui percent les nuages dont ils font comme enveloppés, image ébouïffante d'une lumiere perduë ! fon efprit s'en fert au défaut d'une clarté plus folide ; mais fon cœur n'eft pas fatisfait dans les immenfes volumes qu'il a parcourus, il n'a pas trouvé le nom de JESUS-CHRIST : *Chrifti nomen non erat ibi.*

Il étoit refervé à Ambroife de le lui faire connoître, comme il veut être connu. Pour donner les premiers principes de la vraye Religion à un Maître parfait de l'éloquence profane, il falloit un Maître profond de l'éloquence divine : il vient à lui par un coup de la Providence, à travers les mers, à travers Rome même. Milan, vous ferez le berceau de la naiffance fpirituelle du plus grand des Docteurs ; il écoute votre Pontife : d'abord par un efprit de curiofité il veut voir par lui-même, fi ce qu'il dit répond à la grande réputation qu'il s'eft faite ; fi dans un tems dangereux, il fçaura garder la modération qui convient à un Miniftre de l'Evangile ; s'il répandra le fiel, & l'amertume fur la Secte à laquelle il étoit attaché. Non,

Ambroife démontre avec clarté le faux de la doctrine qu'il profeffe, fans attaquer avec aigreur ceux qui ont le malheur de la fuivre. Quelque prévention qu'on eût donné à Auguftin, ah! qui ne fçait point que l'héréfie, fur tout celle des Manichéens, décrie toujours le Prédicateur, fût-il un Saint, lorfqu'il n'entre pas dans fes vûës ; c'eft peu pour elle de n'avoir que des ténébres à répandre dans l'efprit de fes Difciples, elle leur défend de chercher ailleurs la clarté du jour. Oüi, quelque prévention qu'on lui eût donné contre Ambroife, il l'écoute, il commence à le goûter. Il le compare avec Faufte ; & à fon jugement, l'un éblouït, & l'autre éclaire. Il découvre dans Ambroife une fcience profonde, il n'apperçoit dans Faufte qu'une doctrine fuperficielle. Que de foibleffe dans le difcours de celui-ci ! que de force dans le ftile de celui-là ! La fageffe humaine avec ce qu'elle a de pompeux, brille dans l'un, mais la vertu du Saint Efprit fe fait fentir dans l'autre. Un fi grand Maître le conduit à la fource de la lumiere ; il lui met entre les mains Ifaïe : & ici j'admire le fage difcernement d'Ambroife ; au génie le plus élevé, il donne à lire le Prophête le plus fublime.

Les Manichéens qui décrioient la Loy & les Prophêtes, ne lui en avoient préfenté que la lettre qui tuë : Ambroife qui reléve les Prophêtes & la Loi, lui en fait connoître l'efprit qui vivifie. Les Manichéens ouvroient les Livres faints avec une orgüeilleufe préfomption, & ils y trouvoient la mort. Auguftin va les lire avec un humble docilité, il y trouvera la vie. Il apprend d'Ambroife que la lecture vient de l'homme ; mais que l'intelligence ne vient que du Pere de lumiere ; qu'il faut la demander. Avec ces leçons qu'il mit, & que tout Chrétien doit mettre en pratique, il commence à trouver ce grand, ce merveilleux, ce fublime, la vérité après laquelle il foupire depuis fi long-tems ; & il la trouve dans les mêmes Ecrits, où l'efprit du monde ne lui avoit fait appercevoir qu'une groffiere fimplicité. Les auguftes Myfteres de notre Religion, la fource de nos maux, les remédes pour les guérir, les ravages du péché, les fecours de la grace, les fecrets de notre prédeftination, le terme de notre félicité, le Ciel, la terre, & les Enfers, tout va fe dévoiler à fes yeux : mais pour atteindre à des connoiſſances ſi relevées, il faut paſſer des leçons d'Ambroiſe à celles de JESUS-CHRIST même. Pour remplir ce vaſte génie des vérités qu'il cherche, il faut un Dieu ; Il s'adreſſe à lui : Que ſes vœux furent juſtes ! qu'ils furent ardens ! Il lui demande avec un cœur pénétré de ferveur, cette ſageſſe qui aſſiſte à ſon Trône, & il l'obtient. Le Seigneur lui fait entendre ſa voix ; ſa grace touche ſon cœur, à meſure que cette voix frape ſes oreilles. Prenez, & liſez : *tolle, lege*. Après avoir inſtruit les hommes en mille maniéres différentes, notre Divin Maître inſtruit celui-ci par ſes ſaintes Ecritures : Prenez, & liſez. Il prend ; & que prend-t-il ? Saint Paul.

Conduite de mon Dieu, que vous êtes adorable ! Il étoit réſervé au Docteur des Nations de ſervir à inſtruire celui qui devoit le remplacer avec tant de dignité. La reſſemblance de génie ; leur caractere qui ſe réüniſſoit dans preſque tous les traits ; le monde profane qu'ils avoient lû ; l'Egliſe de JESUS-CHRIST perſécutée, tout conſpire à rendre les paroles de ſaint Paul efficaces pour Auguſtin. Il lit ; & que trouve-t-il dans la lecture qu'il fait ? ou plutôt que n'y trouve-t-il pas ? Il y trouve la voye, la vie, la vérité, JESUS-CHRIST qu'il cherche, ſa grace qui le pourſuit, ſes miſéricordes qui l'attendent, ſa ſcience éminente dont il doit ſe remplir : il y trouve en même tems ſa confuſion, & ſa gloire ; ſon arrêt de mort, & ſon abſolution. Sa confuſion, dans les œuvres de ténébres qui y ſont dépeintes, & dont il étoit plein : *non in cubilibus, & impudicitiis*. Sa gloire, dans JESUS-CHRIST que l'Apôtre lui préſente, & dont il commence à ſe revêtir : *Induimini Chriſtum Jeſum*. Son arrêt de mort, dans la vie qu'il a menée ſelon la chair : *Curam carnis ne feceritis*. Son abſolution, dans l'ordre que reçoivent les Miniſtres d'uſer d'indulgence en faveur de ceux qui ſont infirmes dans la Foy : *Infirmum in fide aſſumite*. Ici le bandeau tombe de ſes yeux, la force abſorbe l'infirmité, la grace ſurabonde où le péché avoit abondé, l'homme céleſte ſe forme, le terreſtre s'évanoüit.

Tel qu'un Voyageur qui a marché pendant une nuit obſcure, incertain de la route qu'il tenoit. Lorſque l'Aurore raméne le jour, il repaît ſes yeux, avec une douce ſécurité, du ſpectacle varié de la nature que les ténébres lui déroboient : Augustin, après de mortelles agitations, contemple enfin avec joye les différentes merveilles de la grace, que ses passions lui cachoient, & que le Soleil de Justice lui découvre.

A la faveur de sa divine lumiere, il perce les cieux ; il voit son Dieu, ses grandeurs, ses miséricordes : il revient sur lui-même, il reconnoît ses miseres, ses infidélitez, son néant. Il parvient à cette double connoissance, après laquelle il avoit tant soupiré : Seigneur faites que je vous connoisse, que je me connoisse moi-même : *Noverim te, noverim me.* Il connoît les perfections de son Dieu, & il lui porte toutes les affections de son cœur ; il connoît les désordres de son ame, & il les arrose de ses larmes. Gardons ici le silence, laissons parler Augustin : hé ! qui peut mieux que lui exprimer ce qu'il sent, ce qu'il goûte ? Ecoutons-le lui même.

" La vérité se répandoit dans mon cœur comme une douce rosée : *eliquabatur veritas in cor meum.* Mon ame s'exhaloit en affection, mes yeux fondoient en larmes : *indè æstuabat affectus pietatis, currebant lacrymæ.* Je voyois mon Dieu ; je trouvois dans lui, l'auteur de ma vie, le conservateur de mon être, le dispensateur des graces, le consolateur de mon ame, la force de ma volonté, la paix de mon cœur, la lumiere de mon esprit ; & à cette vûë, mon cœur mon esprit, ma volonté, toutes les puissances de mon ame étoient en mouvement, pour lui marquer mon amour : *æstuabat affectus pietatis.* Ah c'est trop tard, beauté aimable, beauté ravissante, toujours ancienne, & toujours nouvelle, c'est trop tard que je commence à vous aimer ; vous deviez avoir les prémices d'un cœur que vos mains n'avoient formé que pour vous : *æstuabat affectus pietatis.* Je rentre ensuite dans moi-même ; helas ! se présentent à mes tristes regards, mes foiblesses, mes infirmitez, la laideur de mon ame, mon péché, mon amour pour la créature porté jusqu'au mépris de mon Dieu ; & de-là, comme d'une source amere, sortent des torrens de larmes, dont mes yeux sont inondez : *currebant lacrymæ.* " Et dans ces larmes, je trouve ma joye, ma consolation, toutes mes délices : *& benè erat mihi ;* elles me purifient de mes infidélitez ; mes tâches disparoissent. Autrefois je me réjoüissois avec le monde, & j'étois inquiet : *irrequietum est cor*

» *nostrum.* Aujourd'hui je pleure avec mon Dieu, & je suis
» tranquille : *Currebant lacrymæ , & benè erat mihi.*

Monique accourez à ce spectacle ; venez contempler dans le fruit de vos entrailles, l'ouvrage de vos pleurs, & le chef d'œuvre de la grace ; la prophétie d'un saint Evêque s'accomplit : Augustin ne périra pas ; cette victime de la concupiscence que les passions emportoient au tombeau, renaît pour vous, pour l'Eglise, & pour le Ciel, sous le glaive salutaire de la pénitence ; mere éplorée, tarissez vos larmes, votre fils en verse : *currebant lacrymæ.*

<small>Fieri non potest ut filius istarum lacrymarum pereat. *Lib.* 3. *Conf. c.* 12.</small>

Et vous, Chrétiens Auditeurs, apprenez d'Augustin, que pour connoître à fond la vérité, il ne suffit pas de la desirer, & de la chercher, il faut encore la goûter. Il vous le dit lui-même qu'elle ne se manifeste toute entiere, qu'à ceux qui la pratiquent dans toute son étenduë ; donnez-moi, disoit-il, une amante de JESUS-CHRIST, elle comprendra les véritez que nous annonçons : *Da amantem, & sentit quod dico.* Eh qu'importe que vous exaltiez la grace de JESUS-CHRIST, l'amour de Dieu : qu'importe que vous nous fassiez un long détail des miseres de l'homme ; que vous nous ouvriez l'abîme de l'anéantissement où il doit descendre, sans nous éblouïr par ces beaux & saints discours qui sont souvent démentis par une conduite opposée, faites-nous voir par votre conversion que la grace a triomphé de votre indocilité ; l'amour divin de votre amour prophane ; l'humilité de votre orgueil : alors nous respecterons dans vous la vérité, comme nous la respectons dans Augustin. Rien qu'il ne fît pour la connoître, & en cela il a été le modele que tous les Fideles doivent suivre : Vous l'avez vû dans mon premier point ; rien qu'il ne mette en usage pour la défendre, voici le modele des Sçavans, & le sujet de mon second Point.

<small>SECONDE PARTIE.</small>

LORSQUE le Seigneur eût formé ce globe de feu qui roule sur nos têtes, cet astre prit son cours, & ne le changea jamais ; il dissipe les nuages ; les productions de la terre lui doivent leur accroissement ; tous les siécles dussent-ils conspirer contre lui, rien ne sçauroit affoiblir la lumiere qu'il répand. Or ce que le Soleil fait dans l'ordre de la nature, Augustin va le faire dans l'ordre de la grace: l'un éclaire un monde terreftre, & l'autre un monde intelligent. Les nuages de l'erreur difparoiffent devant lui ; il fait naître mille vertus dans le cœur des hommes ; & dûffent tous les tems s'armer contre lui, dans tous les tems il fera luire la vérité, dont il eft plein. Ou fi vous voulez, c'eft ici le Héros de la Tribu de Benjamin; Il amaffe, & le foir il diftribuë à Ifraël les dépoüilles qu'il a prifes le matin. Parlons plus clairement : Pontife de la nouvelle Loi, il foutient la maifon du Seigneur, contre les orages, & les tempêtes que fufcite continuellement dans l'Eglife la troupe redoutable des Hérétiques : rien qu'il n'entreprenne, pour faire triompher la vérité ; fes actions vont le prouver. Il la garantit des infultes de l'erreur par la profondeur de fa fcience ; il la fauve de la corruption du cœur humain, par la pureté de fes mœurs ; il la met à couvert des injures des tems, par la folidité de fes Ouvrages.

Oüi, Auguftin garantit la vérité des infultes de l'erreur par la profondeur de fa fcience. Quelle érudition ! quelles erreurs ! Grecs, & Barbares, Juifs & Gentils, Manichéens Ariens, Donatiftes, Pelagiens, femi-Pelagiens, vous allez fentir le poids, la prudence, la charité de fa fcience. Que d'ennemis viens-je de nommer ! que de combats ! que de victoires, faut-il préfentement que je décrive ! par où commencer ? & quand finirions-nous, fi nous voulions rapporter toutes les glorieufes circonftances, qui relévent fa force triomphante dans les combats qu'il donne ; fa prudence confommée dans les piéges qu'il évite ; fa charité inépuifable dont il donne des marques efficaces à fes Adverfaires : Science pleine de zéle, pleine de prudence, pleine de charité, telle que les Sçavans la doivent avoir, s'ils veulent cooperer avec Auguftin au triomphe de la vérité.

Il attaque dans fa Cité fainte, tous les Dieux du Paganifme : ils font anéantis ; il ne refte dans le Ciel que la magnificence de notre Dieu, & la gloire dont il couronne fes Saints. En vain les Juifs, pour fe dérober à fon zéle, fe réfugient fous le rempart de la Loi dont ils font les dépofitaires ; des traditions qu'ils gardent, des cérémonies qu'ils obfervent, du Meffie qu'ils attendent : Auguftin, comme un autre Gédéon, s'arme du vafe d'argile ; il le brife, pour ainfi dire, au milieu de fes ennemis; la lumiere paroît dans la chair du Fils de David, qu'il fait connoître; il leur montre en lui le Prophête par excellence, le Meffie qui perfectionne la Loi. Leurs cérémonies, leurs traditions établies fur le fondement ruineux de la crainte, tombent fous le poids de l'amour divin qu'il leur manifefte. Les uns ébloüis de tant d'éclat, prennent la fuite, les autres charmés fe rendent à JESUS-CHRIST qu'il leur annonce & leur préfente.

Il porte la lumiere de la vérité dans la Secte, où il avoit trouvé les obfcurités de l'erreur : comme un autre Abraham, il fond fur les Manichéens; il leur enléve, à force ouverte, les dépoüilles qu'ils avoient emportées par furprife. Il leur enléve les Alipe leur cher confident, les Felix leur fameux Docteur, les Firme leur riche Aumônier, & une troupe innombrable d'ames perduës; il les fait paffer, d'un regne tout fantaftique, fous le regne du Dieu fait chair, & les fixe dans le royaume de la vérité. Là il refferre les Donatiftes dans un coin de l'Afrique; il parle, leurs progrès font bornez; ils crient, il les preffe; ils épuifent leurs reffources : & combien le fchifme n'en fournit-il pas? Et lui fans épuifer fa fcience, les rend toutes inutiles : ils fe raffemblent, ils fe réüniffent, ils forment comme une nuée de Schifmatiques; mais rien n'ébranle Auguftin. L'ébranlâtes-vous, ô Arriens! vous, qui étiez bien plus nombreux? il mefure fes forces avec les vôtres; il triomphe. Aura-t-il donc plus de peine à renverfer l'étendart du Schifme que les Donatiftes avoient arboré, qu'à conferver la Divinité du Verbe que les Arriens s'obftinoient à nier?

Ces glorieux fuccès, qui mettroient des couronnes immortelles fur la tête des plus grands Docteurs, ne font qu'une légere partie de la gloire d'Auguftin. Pélage paroît; Julien d'Eclane le fuit de près; les Semi-Pélagiens naiffent de ces deux Héréfiarques : nouveaux ennemis, nouveaux combats, nouvelles victoires. Pélage! qu'il eft terrible! qu'il eft puiffant! d'autant plus à craindre, qu'il eft auftere; d'autant plus difficile à être enchaîné, qu'il eft adroit à fe replier; d'autant plus capable de féduire, qu'il eft couvert du mafque de la dévotion : mais fa feinte

piété

piété ne le mettra pas à couvert des traits d'Auguſtin : d'autant plus propre à groſſir ſon parti, qu'il flatte l'orgüeil de l'homme par les forces qu'il lui attribuë : auſſi conſtant dans les dogmes pervers qu'il ſoutient, que variable dans les termes artificieux qu'il employe, pour les expliquer, ou pour les cacher. Quel énorme crédit ne ſe ménage-t-il pas auprès des Grands par ſes ſoupleſſes, & ſes intrigues ! Pour fraper les yeux d'un peuple facile à ſe laiſſer ſurprendre, il porte le renoncement des biens de ce monde à un excès qui a peu d'exemple, & que je loüerois aujourd'hui, s'il avoit pû ſortir des mains de la grace qu'il détruit, au lieu de prendre ſa ſource dans la vanité du cœur humain qu'il fomente. Quel ennemi ! pour l'arrêter dans ſa courſe triomphante, il faudra remuer le Ciel, & la terre : hé bien Auguſtin les remuëra.

Péché funeſte du premier homme : grace ſalutaire du ſecond : L'Héréſiarque vous plonge ſans diſtinction dans le néant ; mais nous allons vous retrouver à la faveur des ſçavantes recherches du ſaint Docteur. Il foüille dans toutes les infirmitez, dans toutes les miſeres, dans toute la dépravation du cœur humain ; il parcourt toutes les erreurs, tous les égaremens de notre eſprit ; il approfondit nos maux, nos bleſſures, notre mortalité ; & au travers d'un tas immenſe de corruption, & des ombres obſcures de la mort introduite dans le monde, il fait voir clairement le monſtre odieux qui les enfante. Il monte dans le Ciel ; il lit dans les décrets de ſon Dieu ; il voit ſortir de ſes mains le premier homme plein de juſtice, & de droiture ; il voit dans ſa chûte infortunée, la chûte de tout le genre humain enfermé dans ſon ſein, comme un grand arbre dans ſon germe : ſi le germe eſt corrompu, toutes les branches ſeront foibles. La rédemption des hommes ſe dévoile à ſes yeux ; il apperçoit dans les miſéricordes du Très-Haut le libérateur qu'il nous deſtine pour étaler les richeſſes de ſa grace ; & ſupléer à notre indigence. C'eſt ainſi qu'Auguſtin, après nous avoir découvert nos infirmitez, nous découvre le Médecin * céleſte qui s'occupe tout entier à appliquer ſur les maladies ſpirituelles de l'Univers, les remédes ſouverains qu'il a préparez pour les guérir ; afin que tout homme s'anéantiſſe

*Confeciſti medicamenta fidei, & aſperſiſti ea ſuper morbos orbis terrarum. *Lib. 6. Conf. c. 4.*

à la vûe de ses miseres, & ne se glorifie que dans la grace médicinale qui le retire des portes de la mort.

Il passe dans le vaste empire de la grace : hé quelle découverte n'y fait-il pas ! il voit dans ses mains les cœurs des Rois ; elle les tourne comme elle veut : il découvre la fontaine précieuse, dont les eaux abondantes arrosent toute la terre, & rejaillissent jusqu'à la vie éternelle. Il voit descendre de son Trône cette maîtresse des cœurs, pour les prévenir, & les chercher. Elle remonte dans les premiers siécles, pour porter aux enfans des hommes un secours qu'ils ne trouvoient, ni dans la Loi naturelle, ni dans la Loi écrite ; elle trouve par-tout son éternelle ennemie, la cupidité, & par-tout elle la combat ; tantôt elle déploye toute sa force pour subjuguer un cœur qui lui résiste ; tantôt elle nous abandonne à notre révolte, & à notre obstination. Que de victoires gravées dans la maison du Très-Haut qu'elle habite ! Les palmes innombrables que tiennent à la main les Citoyens victorieux de l'Eglise triomphante, n'est-ce pas elle qui les leur a toutes distribuées sur la terre ? Il jette les yeux sur le libre arbitre qu'elle ménage, & qu'elle perfectionne : car enfin il devient plus libre, lorsqu'elle l'a délivré du funeste penchant qu'il a pour le mal ; sur le salut des hommes qu'elle opere, ou du moins qu'elle veut opérer, si leur volonté se prête au secours qu'elle leur donne : & ici il établit ce grand principe que Dieu qui nous a créé sans nous, ne nous sauvera pas sans notre coopération ; il la suit par-tout, dans le cœur de l'humble qu'elle justifie, dans l'esprit du présomptueux qu'elle abandonne : des Royaumes entiers deviennent les tristes victimes de son indignation, & d'autres, les heureux objets de ses complaisances. Dans des lieux séparez : mais tout proches de son empire, il entend gémir l'esclave sous le joug de la crainte servile, arrive le moment désiré qu'elle le fait passer dans l'heureuse liberté des enfans de Dieu : ses ressorts les plus imperceptibles, ses pieux artifices sont les objets de ses plus sérieuses attentions ; il examine d'où vient qu'elle attire celui-ci par tous ses charmes, & qu'elle semble se refuser toute entiere à celui-là ; il s'arrête sur le bord du précipice, il y contemple avec un saint frémissement la profondeur de la sagesse, & de la science de son Dieu. Avec ces connoissances, comme avec autant d'armes, qu'il tire des saintes Ecritures, & d'une profonde méditation, il attaque les dogmes pervers de Pélage; il y donne de mortelles atteintes. Obstiné à ne pas se rendre, dût-il mandier le secours de toute la terre, l'Hérésiarque y proméne ses erreurs affoiblies; Augustin le poursuit par-tout, & ne pouvant le gagner, après l'avoir convaincu, il suscite contre ses blasphêmes la haine de l'Univers : elle sera éternelle. En vain Julien veut l'éteindre dans le cœur des hommes, il en devient avec son Maître, le triste objet. Sa boüillante jeunesse, son éloquence présomptueuse, son illustre naissance, lui font tout oser; il cherche un ennemi digne de lui; il se tourne contre Augustin, dans la flateuse idée que sa défaite le comblera de gloire; il l'accable d'injures: misérable ressource d'une cause perduë. Le saint Docteur y seroit insensible, si elles n'attaquoient que sa personne; mais la vérité qu'il blesse, ranime son zéle : cet objet de son amour indignement traité, l'enflamme, le transporte. Les nouveaux Livres qu'il fait, sont comme les remparts contre lesquels se brise son Adversaire : à peu près comme l'onde enflée, l'onde écumante de la mer va se briser contre les rochers inébranlables, que le Tout-puissant a opposez à sa menaçante fureur.

De ses débris & de ceux de Pelage se forme un nouveau monstre moins horrible au premier aspect, mais au fond aussi impie, & plus rédoutable; c'est le Semipelagianisme : composé informe de trop de liberté, & de trop peu de grace. Il force Dieu, pour ainsi dire, à obéir à sa créature; il veut que celle-ci commence l'action, & que le Seigneur lui prête son secours pour l'achever. Quel ravage ne feroit-il pas? si Augustin, né pour combattre les hérésies ne pensoit à l'étouffer dans sa naissance; mais il commence à vieillir. Grand Dieu! arrêtez votre Soleil sur la tête précieuse du défenseur des dons célestes que vous préparez aux hommes, comme vous l'arrêtates sur le Conquérant des héritages terrestres que vous donniez à Israël; il combat pour vous : accordez-lui des jours pour achever sa victoire, pour assurer votre puissance; qu'il extermine tous les ennemis de vos faveurs gratuites. Nos vœux sont exaucez; & si l'Auteur de la grace meurt d'une mort prématurée pour consommer plutôt le grand ouvrage de notre justification, Augustin vit d'une vie qui coule lentement, pour avoir le tems de le mettre dans tout son jour. Il démontre avec une force invincible, que le vouloir & le faire, que le commencement & la fin de nos saintes actions, viennent d'enhaut; qu'incapables de produire de nous-mêmes une bonne pensée, nous restons dans l'impuissance pour notre salut, tandis que nous ne sommes pas sous les impressions de la grace. S'élevent sous sa puissante plume les solides fondemens de la prédestination des Saints, & du don de la persévérance: derniers efforts de ce grand homme contre l'hérésie: dernieres colomnes qu'il pose, pour le soutient de la grace, & du libre arbitre; colomnes fixes qu'on ne sçauroit passer, disent les souverains Pontifes Gelase, & Horsmisdas, sans entrer dans le ténébreux empire de l'erreur.

Mais de quelle prudence n'eût-il pas besoin dans ses travaux? car enfin, pour me servir des termes de saint Jerôme: que l'armée de l'erreur est difficile à combattre! que de retranchemens à forcer! que de piéges à éviter! que de surprises à prévenir! que de marches cachées à découvrir! que de clameurs à surmonter! & lorsque vous aurez fait tout cela, il vous reste à vaincre le désespoir des vaincus; la honte de la défaite l'inspire, l'espérance du triomphe le fait éclater. Eh comment triompher? Apprenez-le d'Augustin, vous tous qui êtes chargez de la défense de la vérité: il oppose aux surprises, la vigilance; aux déguisemens, la simplicité; aux clameurs le silence; au désespoir, la modération. Non, toute la prudence, toute la subtilité, tous les replis du serpent Britannique, ne l'emporteront pas sur la prévoyance, sur la pénétration, sur le vol de l'Aigle de l'Afrique. En vain Pelage jette les filets devant les yeux perçans d'Augustin, il peut en surprendre de moins clairvoyans. Dans l'aveu qu'il fait d'admettre la grace, le saint Docteur découvre que ses paroles démentent ses sentimens; il n'apperçoit dans cette grace admise, qu'un vain phantôme de grace qui frappe les yeux du Chrétien, sans passer jusqu'à son cœur; il voit que l'Héréſiarque ne laiſſe à tout le ſang de JESUS-CHRIST répandu qu'un exemple de mortification deſtitué de tout ſecours véritable. C'eſt ainſi qu'Auguſtin contre l'uſage ordinaire des hommes, montre dans ſa perſonne que les enfans de lumiere ſont encore plus prudens que les enfans de ténébres.

Ajoutons à ſa prudence, pour ne pas laiſſer ſon ouvrage imparfait, la charité qui en eſt l'ame. Eh quelle marque n'en donne-t-il pas ? Faut-il oublier les injures dont on l'accable ? Il les oublie. Faut-il dérober ſes Adverſaires aux peines qu'ils n'avoient que trop méritées ? il porte pour eux ſes prieres aux Tribunaux des Magiſtrats. Marcellin combien de fois ne vous écrivit il pas, pour faire tomber de vos mains le glaive de la juſtice, dont vous alliez fraper la tête des Schiſmatiques ? Plus avide du ſalut des hommes que d'un vain triomphe, il ſupprimoit, dans ſes écrits, les noms des Héréſiarques toutes les fois que la vérité, ne recevoit aucun préjudice de cette ſage ſuppreſſion. Il en uſoit ainſi, pour leur épargner une honte publique, & leur faciliter un retour honorable dans l'Egliſe.

Qu'il eſt beau de le voir en chaire devant une auguſte Aſſemblée de Prélats ! il leur donne des leçons ; non pas de reſſentiment, mais de modération, dans un tems où les Donatiſtes donnoient un libre cours à leur fureur. Que dira-t-il ſur un ſujet ſi délicat ? Paroles dignes d'être gravées dans le cœur de tous les Maîtres en Iſraël ; il faut les aimer ; mais, grand Saint, il vous chargent d'injures ; ils ont conſpiré votre perte ; ils cherchent à vous faire périr : N'importe, il faut les aimer ; mais ſi vous êtes inſenſible à ce qui vous regarde, ſoyez du moins touché des maux que l'Egliſe ſouffre ; ſes Temples dépoüillez, le ſang de ſes Prêtres répandu, ſes Evêques maſſacrez ſous les Autels où ils ſe réfugient, précipitez du haut des toits où l'on les tranſporte ; tout crie vengeance contr'eux ; & c'eſt à nous, ajoutoit-il, à crier miſéricorde en leur faveur : le Chrétien ne connoît la Loi de répréſaille que pour la condamner. Notre Dieu veut notre patience, & non pas de ſanglans ſacrifices ; & devons-nous ternir la gloire que l'Egliſe reçoit des ſouffrances de ſes Martyrs, par le deſir de voir couler le ſang de ſes perſécuteurs : il faut les aimer.

Qu'on est tenté, Messieurs, de se faire enfin d'un tel Adversaire, un ami, & un Maître ! Eh combien n'y en eut il pas qui succomberent à cette heureuse tentation ? Une sévérité mal-placée irrite les esprits ; la charité gagne les cœurs : perçons l'erreur de mille traits, elle mérite toute notre indignation ; mais sauvons, autant qu'il est possible, les personnes qu'elle a surprises ; elles sont souvent dignes de toute la compassion Chrétienne. Laissons vomir à l'hérésie les malédictions dont elle est pleine ; la vérité n'a que de bénédictions à répandre. Mais quoi ! doit-on toujours user de douceur ? Non, dit Augustin le plus doux de tous les hommes, lorsque l'ennemi de toute paix, l'Hérésiarque & ses Disciples affidez persistent dans l'erreur, il faut les nommer. C'est encore peu, il faut les enchaîner : il faut aller plus loin, s'il est nécessaire ; de peur qu'ils ne communiquent leur poison à des ames pour lesquelles JESUS-CHRIST est mort : *ubicumque apparuerint isti Lupi conterendi sunt* ; il faut que les Supérieurs fassent gémir sous le poids de l'autorité, ceux qui veulent triompher dans le sein de l'indépendance : *Conterendi sunt*.

Je dis donc simplement, que des Particuliers doivent s'épargner la honte d'avoir insulté à des hommes qui seront peut-être demain nos freres, sur-tout si nous avons soin d'éloigner de leurs yeux, ce qui peut les révolter dans nos mœurs ; si au lieu de les rendre les victimes d'une ambition démésurée, & d'un interêt sordide, vous les forcez à devenir les admirateurs de votre humilité, & de votre désintéressement.

Continuons de prendre ici Augustin pour modéle ; & quelle vie peut-on choisir à imiter plus riche en vertu, plus fertile en bonnes œuvres, plus brillante en mérite ? elle condamne sans replique la corruption du cœur humain. Dira-t-on qu'une longue habitude a formé des chaînes de fer qu'on ne sçauroit plus rompre ? Augustin, après des foiblesses invétérées, ne passa-t-il pas de longues années dans une pureté qu'on ne sçauroit trop admirer ? Sa pénitence continuée jusqu'au tombeau, s'éleve hautement contre la sensualité qui vieillit avec nous ; sa table toujours frugale, & toujours assaisonnée de la lecture des Livres saints, fait honte à notre intempérance, & aux discours peu mesurez que nous tenons. Les reproches qu'on lui fait de sa vie passée, & qu'il reçoit avec joye, parce qu'ils servent à l'humilier, sont une censure continuelle de notre sensibilité, & de notre orgueil. Que de bonnes œuvres ! l'Univers en est plein ; elles sont innombrables. Qui peut compter les grands Evêques, les saints Prêtres qu'il a formez, les aveugles qu'il a éclairez, les pauvres qu'il a soulagez, les Temples qu'il a décorez ? elles sont éternelles ces bonnes œuvres : ne subsistent-elles pas dans les saintes sociétez qu'il a établies ? Sociétez d'Hommes illustres, sociétez de Vierges prudentes, où la pureté de la doctrine le dispute à la pureté des mœurs ; & dans le doute où nous sommes à laquelle donner le prix, nous les renvoyons au Seigneur qui a de brillantes couronnes pour l'une & pour l'autre.

Mais ce qui fait plus d'impression sur moi ; c'est la noble simplicité qui regne dans la conduite d'Augustin : point d'humeur, point de caprice ; il est toujours égal. Rien d'outré, rien de relâché ; il marche à pas ferme au milieu des extrémitez vicieuses du rigorisme, & du relâchement. Sans affectation il frappe davantage, que l'air étudié du plus grand dévot. Equitable, il admire jusques dans ses Adversaires le bien qu'ils font. Ennemi de l'artifice, & du mensonge, il a dans son cœur, & sur ses lévres tous les traits de la candeur, & de la sincérité. Enfin il vit comme tout Chrétien devroit vivre dans la piété, dans la justice, & dans la tempérance.

Quel appui pour la vérité qu'une telle vie ! elle triomphe sans peine lorsque ses Défenseurs écoutent ses conseils, & suivent ses préceptes. Aussi l'hérésie qui met tout en usage pour s'accréditer, ne manque pas d'emprunter le secours d'une vie exemplaire ; on ne la vit jamais commencer une nouvelle carriere, sans le frapant appareil de la réformation des mœurs : mais comme elle péche dans les principes qu'elle établit ; comme elle cherche l'indépendance, source féconde de tout désordre dans les mœurs, & dans l'état, ira-t-elle bien loin sans tomber avec honte dans les déréglemens qu'elle condamna d'abord avec justice ?

Il n'en sera pas ainsi d'Augustin ; il jette par tout les solides fondemens de la soumission ; sa doctrine est aussi pure que ses mœurs ; & les grandes vertus qu'il pratique, font les suites nécessaires des grands principes qu'il pose: & voilà ce qui lui attire les éloges des Sçavans ; voilà ce qui lui soumet, en quelque maniere, le monde Chrétien. Hipone vous ne tenez pas le dernier rang parmi les Villes d'Afrique ; vous avez dans votre enceinte le Pontife qui domine sur tous les esprits ; on vient de l'Orient, de l'Occident, pour recüeillir les oracles qu'il prononce. Evêques, Prélats, Gouverneurs, Magistrats, vous trouvâtes dans ses réponses, les régles sûres de bien instruire, de bien gouverner, de bien juger, de bien vivre, & de bien mourir. Ne diriez-vous pas qu'il a dans ses mains toute la lumiere du Ciel ? il en envoye des rayons aux quatre coins de l'Univers ; il la distribuë, comme il lui plaît ; & à l'exemple de son divin Maître, il se plaît toujours à la faire luire à tout homme qui vient au monde : *Illuminat omnem hominem venientem in hunc mundum.*

Heureux le siécle qui le vit, & qu'il éclaira ! nous participons à ce bonheur ; n'avons-nous pas ses Ouvrages ? Fideles dépositaires de son esprit ils sauvent ses vertus, ses combats, & ses victoires ; & ce qui est encore plus précieux, ils mettent la vérité à couvert des injures des tems. Ici, Messieurs, il me semble de voir une source profonde, une source inépuisable, où tout le Peuple de Dieu peut se désaltérer ; & cette source ce sont les immenses écrits d'Augustin ; l'Eglise les canonise ; les Conciles en font la régle de leurs jugemens ; les saints Peres y recüeillent sa doctrine ; tous les révérent jusqu'à l'Hérétique. Si l'Ecriture sainte est la nourriture de l'Epouse, l'interprétation que nous en a laissé saint Augustin, est comme un suplément, & une sureté pour les Fideles, qui la lisent avec un esprit de discernement, & avec une sage subordination. Si elle veut expliquer son amour à son époux, lui exposer les maux qui l'affligent, c'est de ses paroles qu'elle anime ses plus ferventes prieres, & qu'elle forme ses plus tendres affections. Vole-t-elle par ses premiers Ministres vers ces saintes Assemblées, où tout s'examine, pour assurer les droits de la vérité ; après que les Evêques, & les Docteurs qui les composent, ont imploré les lumieres du Saint-Esprit, pour empêcher que l'erreur ne se glisse parmi eux, ils empruntent du saint Docteur des chaînes

pour

pour la lier, des traits pour la percer : accablée sous le poids de ses Sentences elle expire. Concile d'Orange, Concile de Trente, Conciles généraux, Conciles particuliers, vous m'êtes témoins de ce que j'avance.

Les vérités affoiblies par les enfans des hommes, reprennent leur force, lorsqu'on les rapproche de ses divins Ouvrages : plus puissans que les ossemens précieux du Prophète Elisée, dont le seul attouchement ressuscite des morts, combien d'ames à la simple lecture qu'elles en font, sortent-elles du tombeau de leurs mauvaises habitudes ? l'infatigable Théologien y cherche, & y trouve les preuves invincibles de notre foi ; ceux qui conduisent les ames à Dieu, en tirent les régles infaillibles d'une sage direction. Orateurs Chrétiens approchez, ils vous offrent dans leur riche variété, la force du raisonnement, & les charmes de la persuasion., l'art divin d'éclairer l'esprit, & de toucher le cœur. Que ne puis-je les substituer à ma place ? ils dissiperoient vos ténébres, ils vous enflammeroient de l'amour divin : mais ce n'est pas ici le lieu de les faire parler pour animer les Fidéles : c'est le tems de m'en servir pour apprendre à l'Orateur sacré que sa véritable gloire consiste, non pas dans les applaudissemens qu'il reçoit, mais dans les larmes qu'il fait verser.

Que dirons-nous des SS. Peres ? les Prosper, les Grégoire, les saint Léon, les Bernard, les Thomas, tous se sont enrichis de ses trésors ; il n'y en a pas un qui ne puisse dire de la science d'Augustin, dans un sens limité, ce que tous les Fidéles depuis Adam jusqu'à nous doivent dire de la grace de JESUS-CHRIST, nous avons tous reçû de la plénitude de ses dons : *De plenitudine ejus omnes accepimus.*

Enfin, ses Ecrits aussi utiles à tout que la piété qu'ils respirent, sont comme l'ame du Monde Chrétien ; & l'on diroit volontiers que la Religion n'est plus, où Augustin cesse d'être. L'Hérétique a senti toute la force de cette proposition : aussi, Calvin crie-t-il avec les Sectaires, qu'Augustin est tout pour lui : *Totus noster est.* Hé bien, nous vous l'abandonnons, si vous le lisez avec un cœur docile, vous nous le rendrez bientôt avec une sainte usure. Il renversera votre hérésie comme l'Arche du Seigneur fit tomber l'idole de Dagon ; vous apprendrez d'un si grand

F

Maître à respecter les principes qu'il établit, & que vous avez détruit. La déférence qu'il eut toujours pour l'Eglise, jusqu'à dire, malgré ses grandes lumieres, que sans son autorité, il ne croiroit pas à l'Evangile, ouvrira vos yeux sur votre révolte, & sur l'esprit particulier que vous adoptez. Pourrez-vous refuser votre adoration à la victime sainte qui s'immole tous les jours d'une maniere non sanglante ; à la vûë de Monique qui l'adora toujours sous les yeux d'un fils si éclairé ; & auroit-il rappellé avec éloge la priere que lui fit cette Mere mourante de se ressouvenir d'elle dans le saint Sacrifice, s'il eût douté du Mystére adorable de nos Autels ? C'est ainsi qu'Augustin seroit encore aujourd'hui comme hier, l'Ange de la paix, la pierre angulaire, qui réüniroit les deux murs séparez ; mais si leur préjugé les empêche de s'enter de nouveau sur le tronc d'où ils ont été retranchez, instruisons-nous à la vûë de leur malheur, & tremblons à celle de nos divisions.

Pourquoi les dissimuler ? L'Univers a retenti du bruit de nos dangereuses disputes : craindrons-nous d'en faire retentir nos chaires ? non pas pour les fomenter, plutôt la mort, mais pour former des vœux, afin qu'elles finissent. Désirons donc avec saint Augustin, pouvons-nous prendre un modéle plus sûr, & moins suspect ? Désirons que la grace de JESUS-CHRIST triomphe du cœur de tous les hommes ; que toute créature fléchisse le genoüil devant la toute-puissance du Très-Haut ; que tout l'Univers soit embrasé de l'amour divin, dont il brûla ; que la pureté des mœurs de notre siécle réponde à la pureté des mœurs des premiers siécles de l'Eglise. Eh quand est-ce que l'ignorant, qui broüille tout par ses cris confus, apprendra à se taire ? Pour le véritable sçavant, ne doutons pas qu'il ne mette sur ses lévres, & dans ses écrits la garde vigilante de la circonspection. Ne viendra-t-il jamais cet heureux tems, où l'on retranchera les noms odieux qu'on se donne, les calomnies atroces dont des hommes passionnez noircissent les Prêtres du Dieu vivant ? La Ville & la Campagne seront-elles toujours inondées d'écrits sans nom, & sans nombre ? Mettre fin à tous les mouvemens que la passion excite, ce seroit ouvrir une voye à la paix. Hé quelle joye cette paix ne causeroit-elle pas ! Et à qui ? A notre Roy le plus pacifique, & le meilleur de tous les Princes ; à la plus sainte, la plus sçavante, la plus respectable (*a*) Assemblée de l'Etat qui vient tous les jours dans cet auguste Temple répandre devant le Seigneur les vœux sincéres qu'elle forme pour l'heureuse réünion des esprits ; à l'illustre Président (*b*) qui en est l'ame, qui inspire à des cœurs bien préparez les sentimens de douceur, & de modération dont il est plein, & nous laisse douter dans les soins importans qui le partagent, s'il est plus attentif à éteindre les tristes feux de la division qui afflige la France, qu'à terminer les terribles querelles des Rois qui ébranlent toute l'Europe. Quelle consolation enfin cette paix n'apporteroit-elle pas à un Prélat, (*c*) recommandable par mille endroits, mais surtout par cette bonté paternelle qui le caractérise, il la fait sentir à tous en général, & à chacun en particulier, & ne se lasse pas de nous dire : Mes enfans, aimez-vous les uns les autres.

(*a*) L'Assemblée du Clergé.

(*b*) M. le Cardinal de Fleury.

(*c*) M. l'Archevêque de Paris.

Ah ! mes Freres, la victoire, le triomphe dont on se flatte, auroient-ils donc plus d'attrait pour des Chrétiens, que la paix dont ils peuvent joüir ? Malheureux triomphe qui ne peut s'élever que sur la ruine de nos Freres ! Victoire lamentable ! elle feroit verser des larmes à la véritable Rachel, sur la perte de ses enfans ; & dans la suite de nos disputes n'avons-nous pas à craindre de déchirer Augustin que nous respectons tous, à force de le tirer chacun dans son parti.

Conservons-le tout entier, il sera notre lumiere dans nos ténébres, notre force dans nos foiblesses ; car enfin cet invincible Défenseur de la vérité ne meurt point ; la mort n'a aucun droit sur ses vertus, sur sa science, sur son esprit ; elle ne fait qu'emporter les foibles restes d'un corps atténué par d'immenses travaux, & consumé par les ardeurs de la charité. Augustin vivra éternellement dans notre Eglise, elle le conserve comme un de ses plus précieux trésors ; elle ne souffrira pas qu'on le lui ravisse.

Puisse-t-il vivre dans nous, pour nous animer au combat contre nos erreurs, contre nos préjugez, contre notre orgüeil, encore plus que contre les erreurs, les préjugez & les passions des autres ; mais en vain nous combattrons, si la grace ne vient à notre secours, pour nous rendre victorieux. Grand Saint, daignez nous l'obtenir. Ce n'est que par elle, Messieurs, qu'on connoît, qu'on fait triompher la vérité, & qu'on entre dans le sein de la gloire. Ainsi soit-il.

APPROBATION.

J'AY lû par ordre de Monseigneur le Garde des Sceaux un Manuscrit intitulé, *Sermon sur la Céne, prêché devant le Roy par M. l'Abbé Desjardins Docteur de Sorbonne: Panégyrique de S. Augustin, par le même, &c.* En Sorbonne le 21. Février 1736.

Signé THIERRY, Docteur de Sorbonne.

PRIVILEGE DU ROY.

LOUIS par la grace de Dieu Roy de France & de Navarre, à nos amez & féaux Conseillers les Gens tenans nos Cours de Parlement, Maîtres des Requêtes ordinaires de notre Hôtel, Grand Conseil, Prevôt de Paris, Baillifs, Senéchaux, leurs Lieutenans Civils, & autres nos Justiciers qu'il appartiendra. SALUT : Notre bien-amé * * * Nous ayant fait supplier de lui accorder nos Lettres de Permission pour l'impression d'un *Sermon sur la Céne*, prêché devant Nous en 1735 *Panegyrique de S. Augustin prononcé en 1735.* par le sieur Abbé DESJARDINS, Docteur de Sorbonne, dans l'Eglise des grands Augustins, offrant pour cet effet de le faire imprimer en bon papier & beaux caracteres suivant la feuille imprimée & attachée pour modele sous le contre-scel des Presentes, Nous lui avons permis & permettons par ces Presentes de faire imprimer lesdits Livres ci-dessus specifiez en un ou plusieurs Volumes conjointement ou séparément, & autant de fois que bon lui semblera, & de les vendre, faire vendre & débiter par tout notre Royaume pendant le tems de trois années consecutives, à compter du jour de la date desdites Presentes : Faisons défenses à tous Libraires, Imprimeurs & autres personnes, de quelque qualité & condition qu'elles soient, d'en introduire d'Impression étrangere dans aucun lieu de notre obéïssance : A la charge que ces Presentes seront enregistrées tout au long sur le Registre de la Communauté des Libraires & Imprimeurs de Paris dans trois mois de la date d'icelles. Que l'impression de ces Livres sera faite dans notre Royaume & non ailleurs, & que l'Impétrant se conformera en tout aux Reglemens de la Librairie, & notamment à celui du dixiéme Avril 1725. Et qu'avant de les exposer en vente les Manuscrits ou Imprimez qui auront servi de copie à l'Impression desdits Livres seront remis dans le même état, où les Approbations y auront été données és mains de notre très-cher & féal Chevalier Garde des Sceaux de France le sieur CHAUVELIN, & qu'il en sera ensuite remis deux Exemplaires de chacun dans notre Bibliotheque publique, un dans celle de notre Château du Louvre, & un dans celle de notre très-cher & féal Chevalier Garde des Sceaux de France le sieur CHAUVELIN, le tout à peine de nullité des Presentes. Du contenu desquelles vous mandons & enjoignons de faire joüir l'Exposant ou ses ayans-cause pleinement & paisiblement sans souffrir qu'il leur soit fait aucun trouble ou empêchemens, Voulons qu'à la copie desdites Presentes qui sera imprimée tout au long au commencement ou à la fin desdits Livres, foi soit ajoutée comme à l'original : Commandons au premier notre Huissier ou Sergent de faire pour l'execution d'icelles tous actes requis & nécessaires, sans demander autre permission, & nonobstant clameur de Haro, Chartre Normande, & Lettres à ce contraires. CAR tel est notre plaisir. DONNÉ à Versailles le neuviéme jour du mois de Mars, l'an de grace mil sept cent trente-six, & de notre Regne le vingt-uniéme. Signé, Par le Roy en son Conseil. SAINSON.

Regitré sur le Registre IX. de la Chambre Royale des Libraires & Imprimeurs de Paris, N°. 50. fol. 225. conformément aux anciens Reglemens confirmez par celui du 28. Février 1723. A Paris le 11. Mars 1736. Signé, G. MARTIN, *Syndic.*

www.ingramcontent.com/pod-product-compliance
Lightning Source LLC
Chambersburg PA
CBHW060507050426
42451CB00009B/861